Yf 9068

DES
THÉATRES
DE BORDEAUX

PAR

G. DU BOIS HALBRAN

> Je ne demande pour nos Théâtres que ce que demandait le chien de Rabelais, en rongeant son os : *rien qu'ung peu de mouëlle.*

BORDEAUX

IMPRIMERIE GÉNÉRALE DE Mme CRUGY
rue et hôtel Saint-Siméon, 16.

1859

DES

THÉÂTRES DE BORDEAUX

> Je ne demande pour nos Théâtres que ce que demandait le chien de Rabelais, en rongeant son os : *rien qu'ung peu de mouëlle.*

Les Théâtres de Bordeaux sont depuis longtemps en décadence. — Le public et les artistes souffrent de cet état de choses que tout le monde reconnaît, et auquel, il faut l'avouer, il ne paraît pas très-facile de porter remède.

En nous proposant de signaler aujourd'hui les vices de l'organisation de nos Théâtres, nous ne nous dissimulons pas la difficulté de notre tâche. — L'oreiller du privilége est un oreiller moelleux, et le sommeil tranquille qu'on y goûte est de ceux qui ne veulent pas être troublés. — Cependant l'Autorité entend avoir des Théâtres qu'elle a déclarés Établissements d'utilité publique; le goût général les réclame, et la morale même en fait son profit. N'est-ce donc pas un devoir de rechercher si les sacrifices que s'impose dans ce but la Municipalité de Bordeaux ne sont pas des sacrifices en pure perte, et si la Direction de ces Théâtres a le bon vouloir, l'intelligence et l'activité nécessaires pour compenser, pour alléger ces sacrifices ?

A un point de vue plus élevé, on ne saurait contester l'importance des Théâtres.

A toutes les époques, et chez tous les peuples lettrés, l'influence qu'ils exercent sur les mœurs est évidente; c'est là une thèse qu'il suffit d'énoncer, et qui, de nos jours, ne saurait exiger de longs développements.

Depuis quand, disait Victor Hugo en 1832, depuis quand ose-t-on, en pleine civilisation, questionner l'art sur son utilité ? — Malheur à vous, si vous ne savez pas à quoi l'art sert ! On n'a rien de plus à vous dire.

Sans nous reporter aux souvenirs de la Grèce et de Rome, depuis les mystères pieux du moyen-âge, depuis les chefs-d'œuvre du grand siècle, jusqu'aux œuvres qui servirent de prélude au cataclysme de 1789, cette vérité est de celles qui frappent tous les esprits attentifs. — En remontant dans les annales du Théâtre, on reconstruirait pas à pas l'histoire de l'esprit humain et de la civilisation ; on y verrait revivre les peuples et les générations avec la diversité de leurs aptitudes et de leurs tendances intellectuelles et morales.

Par tous ces motifs, la marche de nos Théâtres est fort loin d'être indigne de l'examen détaillé qu'on peut vouloir leur consacrer dans l'intérêt de tous : Autorité, public, et artistes.

Depuis cette année surtout, le Grand-Théâtre de Bordeaux offre un bien affligeant spectacle.—Il n'a, en effet, ni acteurs à la hauteur de notre scène, ni décors, ni costumes, ni régisseurs, ni répertoire, ni orchestre. Qu'on aille à ce Théâtre, et, pour peu qu'on soit impartial, on sera bien vite convaincu que ce n'est pas un désir ou un besoin de dénigrement systématique qui guide notre plume.

Cette situation nous frappe d'autant plus, que, s'il arrivait à la surveillance municipale de se lasser ou de faire défaut, le public ayant perdu tout droit de contrôle, le directeur deviendrait, par le fait, seul juge de ses actes, et complètement libre et maître ; on pourrait alors le regarder comme omnipotent, ce qui, malgré toutes les garanties possibles de sa part, ne peut et ne doit jamais être.

I

C'est depuis quelques années seulement que le public a perdu dans nos Théâtres son droit séculaire d'initiative et de vote. — On sait que ce droit a été transporté à une Commission dite des Débuts, formée par les soins de l'Administration municipale.

Nous trouverons les motifs de l'institution de cette Commission dans l'arrêté même qui la nomma le 15 novembre 1852 :

« Considérant que le mode adopté par l'arrêté du 19 novembre 1846 pour les débuts et l'admission ou le rejet des artistes présentés par le directeur des Théâtres, a été de tout temps une occasion de trouble et de confusion, et qu'il est souvent demeuré impossible de reconnaître au milieu du tumulte et de constater les véritables impressions du public ;

» Considérant qu'il importe de garantir aux artistes, pendant leurs débuts, le calme qui leur est nécessaire pour se produire de la manière la plus avantageuse, et à l'Administration les moyens d'apprécier leur mérite et de prononcer leur admission ou leur rejet avec la maturité et l'impartialité désirables ;

» Que, dans ce but, il paraît convenable de substituer au système jusqu'à présent pratiqué celui qui est déjà mis en usage dans plusieurs grandes villes et que l'expérience a sanctionné ;

» Arrête, etc., etc. »

On le voit donc, la Commission a été formée dans un double but : celui d'empêcher des troubles dans les Théâtres, et celui de faciliter aux artistes et à l'Administration l'ordre et le calme nécessaires pour bien juger de la valeur des débuts.

La première de ces conditions peut être regardée comme atteinte ; la seconde n'a pas donné ce qu'on en attendait.

Les arrêts de la Commission ont été souvent cassés par l'Administration municipale, et les erreurs qu'elle a commises sont restées dans toutes les mémoires. Qui ne se rappelle ce qui s'est passé pour Sujol, pour Mathieu, et, cette année même, pour Tony-Seiglet, refusé comme premier comique, tandis qu'il n'était que second, et pour Hamilton, accepté comme second, alors qu'il était en réalité chef d'emploi ?

Il est prouvé maintenant, par l'expérience des huit années qui nous séparent de son origine, que l'institution d'une Commission des débuts est plus nuisible qu'utile à la marche des Théâtres, et cela est bien plus vrai encore à Bordeaux que partout ailleurs. — La raison de cette différence est facile à saisir.

Dans les diverses villes de France auxquelles l'arrêté municipal que nous venons de citer fait allusion, les membres des Commissions de débuts sont pris parmi les abonnés et habitués des Théâtres ; — à Bordeaux, les abonnés et habitués des Théâtres n'ont pas voix consultative, pas plus, du reste, que le public ; — à Nantes et à Marseille, tous les abonnés votent. — Dans cette dernière ville, où le goût de la musique est beaucoup plus vif et beaucoup plus répandu qu'à Bordeaux, on n'eût jamais songé à remplacer le vote du public par celui d'une Commission dont les membres eussent été aussi peu nombreux qu'ils le sont ici. On n'y serait, du reste, jamais parvenu.

Qu'on en juge par le trait suivant; il nous paraît caractéristique.

Les Cercles de Marseille sont multipliés, et plusieurs sont fort riches. Celui de l'Athénée, dans lequel on fait souvent de la musique, a, au mois de mars dernier, envoyé à Paris un de ses membres chargé d'engager Tamberlick le ténor pour une soirée, et, en échange de trois morceaux, une somme de 10,000 fr. lui était offerte.

La Société Philharmonique de Bordeaux, qui, par son intelligence et ses persévérants efforts, a si bien mérité de l'art musical, ne va pas jusque-là.

Comment, au surplus, pourrait-on regarder comme une représentation aussi fidèle, aussi exacte que possible du public, des hommes qui, tout honorables qu'ils soient, ne fréquentaient même pas les Théâtres, au moins pour la plupart, avant le jour où l'Autorité vint les chercher chez eux pour les investir du mandat d'admettre ou de repousser les artistes? — Voici une première différence qui séparera toujours des membres des Commissions dont parle M. le Maire les membres de la Commission de Bordeaux.

Puisque, par suite des scènes, quelquefois scandaleuses et toujours regrettables, qui troublaient les représentations, l'Autorité jugeait convenable de transporter à un aréopage de quinze personnes le droit du public, il eût été plus rationnel et plus sage, ce nous semble, d'agir comme on l'a fait dans les villes où pareille mesure a été décrétée. — Les membres de la Commission des Débuts auraient pu être pris à Bordeaux, comme partout ailleurs, dans les rangs des abonnés, plus intéressés que qui que ce soit à la marche satisfaisante, à la prospérité des Théâtres.

En méconnaissant ce principe, on a créé entre la Commission et le public une scission fâcheuse, et qui a éclaté au grand jour à propos du rejet des artistes que nous avons nommés.

Mais nous irons plus loin. La meilleure Commission ne représentera jamais, avec ses quinze membres, les habitants d'une ville de 150,000 âmes. — Elle peut être un mal nécessaire, mais, dans notre opinion, elle sera toujours un mal.

Pour l'artiste, d'abord, les débuts deviennent aujourd'hui un véritable supplice, en ce sens qu'il demeure dans une pénible anxiété jusqu'au moment où son sort lui est enfin révélé.

Avec le vote du public, l'artiste, au contraire, était presque immédiatement fixé. Tant que les marques d'approbation ou d'improbation n'ont pas été interdites pendant les débuts, le premier suffisait souvent pour faire présager son sort à l'acteur soumis à cette épreuve. Avait-il un geste, un cri qui fussent à l'âme des spectateurs, il était aussitôt applaudi, acclamé, rappelé même.

Le silence glacial qui règne actuellement dans la salle pendant les débuts, augmente de beaucoup l'émotion des artistes, qui nous ont avoué souvent qu'ils regrettaient les manifestations du parterre, toutes bruyantes qu'elles pussent paraître et qu'elles fussent en effet.

Quant aux manœuvres des cabaleurs, dans les cas assez rares où il y avait cabale, elles n'intimidaient que fort peu le débutant qui en était instruit; et si le véritable public ne parvenait pas à en faire bonne justice, la force était là pour les réprimer.

Or, ce genre de troubles était bien moins dangereux ici que dans toute autre grande localité de France; car, il faut le dire à son honneur, Bordeaux est essentiellement une ville d'ordre.

Il n'est pas de talent bien posé au Théâtre sans la consécration du suffrage public; et tous les aréopages du monde, quelque éclairés qu'on les suppose, ne changeront rien à cette vérité élémentaire.

Quand donc les masses ont pu voir qu'elles étaient déshéritées de ce droit qui, de tout temps, s'est acheté à la porte des Théâtres, elles sont devenues indifférentes, et, peu à peu, une sorte d'apathie fort concevable s'est emparée d'elles. De nos jours, il est rare qu'on les en voie sortir; et tandis que ce qu'il y a de meilleur dans nos deux troupes ne réussit à leur arracher que de maigres applaudissements, ce qu'il y a de pire n'obtient d'elles que des ricanements ironiques et dédaigneux.

Pour l'artiste, le jugement du public était toujours sans appel. Pas de tribunal supérieur auquel il pût en référer; et même, dans les rares circonstances où la Direction des Théâtres ou l'Autorité municipale ont cherché à imposer des artistes, elles ont dû l'une et l'autre reculer devant les manifestations de l'opinion publique. — A-t-on perdu la mémoire de ce qui se passa un jour pour le ténor Raguenot, qui fut obligé de se retirer devant une opposition unanime et formidable? Ne se rappelle-t-on plus ce qui arriva au prédécesseur de M. Carpier? On le soutint sans doute jusqu'au dernier moment; mais, à l'expiration de son privilége, on jugea impossible de le renouveler devant la répulsion bien prononcée du public, et surtout de tous les abonnés.

La Commission, avec ses quinze membres seulement, ne saurait avoir la prétention de représenter le goût et les lumières éparses chez les habitants d'une ville telle que Bordeaux. — Si, parmi ces habitants, on en rencontre un grand nombre dont la compétence est négative ou douteuse, n'y en a-t-il pas beaucoup aussi très au courant, par leur instruction et leurs lumières, des choses du Théâtre? — Les meilleurs juges sous ce rapport ne font pas tous partie de la Commission des Débuts.

Un autre désavantage de la Commission sur le public, c'est qu'il est pour les artistes un être de raison, un être collectif, et, comme tel, irresponsable. — Les membres de la Commission, au contraire, sont facilement connus. Ils ont été souvent l'objet de visites, de sollicitations très-séduisantes, et, en leur supposant la vertu d'un Spartiate ou d'un Romain de la République, il n'en a pas moins dû être fort embarrassant pour eux d'avoir à se défendre contre de si charmantes prévenances.

L'Autorité municipale a eu un tort très-grand : celui, en cassant maintes fois ses arrêts, d'ébranler la confiance dans une Commission instituée par elle, et qu'à ce titre au moins, elle aurait toujours dû soutenir. Aujourd'hui, tout artiste rejeté s'en va avec cette idée : qu'il aurait certainement été reçu par le public.

Une autre considération à faire valoir, c'est que le contrôle des spectateurs s'exerçait sur toutes choses du ressort de la scène, décors, costumes, etc., tandis que le rôle de la Commission est restreint à l'acceptation ou au rejet des artistes. Il en résulte que le directeur arrive presque toujours à obtenir de la bienveillance de l'Autorité des concessions que le public ou même la Commission n'auraient certainement pas accordées.

Nous en fournirons plus d'une preuve dans le courant de ce travail.

Non, il faut le dire bien haut, parce que cela est une vérité utile à nos Théâtres, la Commission peut être bonne à prévenir des troubles fortuits et passagers ; mais, en dehors, elle n'a aucune raison d'être et ne représente rien : ni l'Autorité qui l'a trop souvent désavouée, ni le public qui la repousse, ni les artistes qui, loin d'être satisfaits de ce mode de réception, s'en plaignent ouvertement.

« Il n'y a de critique universellement supérieur, a dit un littérateur éminent, que le public, plus ou moins éclairé, suivant les pays et les siècles, mais toujours respectable en ce qu'il comprend les meilleurs juges dans tous les genres, dont les voix, d'abord dispersées, se réunissent à la longue pour former l'avis général. — L'opinion publique est comme un fleuve qui coule sans cesse et qui dépose son limon. — Cicéron, en fait d'éloquence, n'hésite pas à dire que le public est le juge suprême. — Il en est de même, à la longue, de tous les arts, chez tous les peuples civilisés. »

Ajoutons qu'il est au moins bizarre que, dans un temps où le suffrage universel est jugé bon pour faire des législateurs, il n'ait plus la même valeur s'il s'agit de l'admission, sur une scène, d'une danseuse ou d'un ténor.

II

Les débuts !! voilà une grosse question, une question capitale dans les conditions d'existence des Théâtres de province ; une question, enfin, autour de laquelle s'est toujours fait et se faisait récemment encore beaucoup de bruit.

La formalité des débuts de rigueur a beaucoup de partisans, non moins de détracteurs ; et, l'on ne doit pas se le dissimuler, d'un côté comme de l'autre, la discussion peut offrir des arguments qui ne manquent pas de valeur.

Les âmes tendres qui s'apitoient volontiers sur la position de l'artiste mis, pendant trois soirées, sur la sellette, en face d'un public peu bienveillant dans la plupart des cas, disent que l'émotion inévitable éprouvée par cet artiste paralyse ses moyens; que, dès lors, cet usage est barbare, et, ce qui est pis encore, d'un effet nul au point de vue de l'appréciation équitable et saine qu'on en attend. Très-souvent même, par suite de l'organisation de l'artiste, les débuts vont contre leur but.

La médiocrité est en général audacieuse, tandis que le vrai talent est défiant et modeste. Un acteur qui aura beaucoup plus d'amour-propre que de mérite réel, affrontera souvent cette épreuve avec un imperturbable sang-froid. L'artiste d'une valeur incontestable, au contraire, neutralisé par la frayeur qui le galope, sentant ses moyens ordinaires lui faire défaut tout à coup, perdra bientôt la tête; ajoutez à cela, ce qui est très-possible, que quelques marques d'improbation lui soient adressées, et il se montrera d'autant plus mauvais, d'autant plus inférieur à lui-même, que le malheureux aura la conscience de cette infériorité.

Les adversaires de l'usage des trois débuts disent encore que les acteurs de province ont ce grand désavantage, d'être obligés de chanter tous les rôles tenus sur les scènes de Paris par deux ou trois artistes, et qui ont été écrits pour des voix dont la portée n'est pas la même. — N'étant pas toujours libres de choisir, dans leur répertoire, les rôles qui leur vont le mieux, au moment où la formation d'une troupe nouvelle et l'ouverture d'une campagne font surgir toutes sortes de prétentions, cette circonstance complique encore leur situation.

Il peut arriver, en effet, que, le ténor léger désirant débuter par *le Barbier*, par exemple, la première chanteuse et le baryton se refusent, avant d'être connus du public, à se montrer à lui dans Rosine et dans Figaro.

Nous ne nous dissimulons pas la portée de ces diverses objections, et nous ne demanderions pas mieux que de voir les débuts supprimés, si nous connaissions quelque moyen autre d'affranchir le public de la domination des directeurs.

A Paris, les directeurs ont tout intérêt à doter leur Théâtre de la meilleure troupe possible, et cet intérêt devrait assurément être le même en province. Il n'en est malheureusement pas ainsi. L'inintelligence littéraire et artistique des directeurs de cette dernière catégorie leur fait même adopter le plus souvent un système diamétralement opposé.

Devant une scène dont les acteurs n'obtiennent pas ses suffrages, le public parisien peut toujours s'abstenir : d'autres Théâtres lui sont ouverts chaque soir, et le dédommageront. En province, où deux Théâtres seulement existent et sont dirigés par la même main, pas de concurrence entre eux ; par conséquent, pas de choix pour le public. Il faut, de toute nécessité, qu'il passe sous le joug du directeur ; qu'il aille à ces Théâtres, à moins qu'il ne préfère se passer de spectacle.

Cette domination forcée du directeur sur le public devrait trouver son contre-poids dans le contrôle de l'Administration municipale. Elle devrait tenir la main à ce que la troupe fût complète au commencement de chaque année théâtrale ; elle devrait exiger qu'il ne fût présenté par le directeur, sur les deux scènes, que des artistes d'un talent assez sérieux pour pouvoir être au moins discuté ; elle devrait, enfin, veiller à ce que les débuts ne donnassent pas lieu à certaines supercheries fort connues, et s'accomplissent dans un temps moral.

Nous avons le regret de le dire, mais c'est le contraire qui se passe sous nos yeux. — Les débuts durent maintenant toute l'année à Bordeaux. Nous voici en novembre, à l'époque où les gens riches, qui aiment les Théâtres quand ils ont quelque chose de bon à leur offrir, rentrent de la campagne, et nous n'avons pas encore de ténor ; et notre corps de ballet et nos chœurs sont déjà démembrés, et ne seront certainement pas complétés pendant la durée de cet exercice.

Mlle Hamburger, chanteuse double depuis qu'elle a dû résilier comme chef d'emploi, chante sans débuts, sous ce vain prétexte qu'elle est une superfétation au tableau de troupe, et que le directeur n'était nullement tenu à se pourvoir d'une seconde chanteuse légère.

Cette raison-là nous paraît mal fondée ; et, en refusant de voter sur Mlle Hamburger, que le public repousse, la Commission des Débuts a partagé notre opinion. Mais le directeur, nous ne savons pas trop pourquoi, par exemple, tient à conserver Mlle Hamburger, et il obtiendra l'autorisation de la faire jouer avec la mention officielle : *Par ordre,* suivie de celle-ci comme correctif : *Jusqu'à son remplacement,* bien que de nombreux précédents nous permettent de penser que ce remplacement n'aura pas lieu.

Il serait bien désirable, dans l'intérêt de nos Théâtres, que les débuts devinssent enfin une chose sérieuse à Bordeaux.

Pour atteindre ce but, il faudrait que l'Autorité consentît à laisser au directeur la responsabilité de ses choix, et à ne jamais déposer l'épée de Brennus dans la balance, quand, du moins, les choses ont suivi leur cours normal.

Si l'on continue à penser que les droits du public ne peuvent lui être rendus sans danger, qu'on substitue à la Commission actuelle une Commission qui soit, autant que possible, la représentation fidèle des intérêts engagés.

Pour représenter à la fois l'Autorité, le public et les artistes, cette Commission serait composée de quinze membres nommés : cinq par l'Autorité municipale, cinq par les abonnés des Théâtres, cinq, enfin, par les artistes, qui devraient, ce nous semble, avoir leurs avocats, au besoin, dans la Commission, puisqu'il s'agit souvent, en semblable occurrence, de leur gloire et de leur fortune, c'est-à-dire, de leur avenir tout entier.

III

A la tête d'une bonne Administration théâtrale, il faut un bon directeur, comme il faut un bon colonel à la tête d'un brave régiment. — Nous l'avouerons, les qualités qui composeraient ce que nous nommons un bon directeur ne sont pas faciles à rencontrer dans un seul homme en province.

La première de toutes, pour nous, est une stricte probité.

Ceux qui ont vécu la plus grande partie de leur vie en province ne s'étonneront pas que la probité, que l'honorabilité soit par nous posée en première ligne. — Depuis un certain nombre d'années, on y a vu tant d'administrations vénales, on a vu tant de directeurs trafiquant avec audace des droits les mieux établis, on en a tant vu se retirer avec un capital, tandis que l'entreprise avait toujours périclité et les artistes perdu de l'argent, qu'on ne saurait insister assez sur cette première et principale condition.

Mais nous n'avons pas besoin de nous livrer à de longs développements à cet égard. La vénalité de certaines Directions en France a crevé les yeux à tout le monde.

Qu'on interroge, à ce sujet, la plupart des artistes qui ont couru le monde, et on sera édifié.

Étant donné un honnête homme comme directeur, il lui faudra une habileté complexe. Il devra joindre à une instruction littéraire et artistique une entente suffisante de l'administration et des affaires.

Mais la première de ces qualités est de beaucoup la plus importante dans l'état actuel des choses.

Tout en nous gardant d'un défaut trop commun, s'il faut en croire Labruyère et tous les moralistes qui ont scruté la nature intime de l'homme, *celui de médire de son siècle et d'exalter les siècles précédents,* nous pouvons bien dire que jamais les littérateurs ne furent plus utiles à la tête de nos Théâtres. La plupart de nos œuvres dramatiques laissent, en effet, beaucoup à désirer au point de vue moral, et l'on sait quelle a été sur les mœurs, depuis une soixantaine d'années, la double et délétère influence du Théâtre et du roman.

Cette vérité n'a pas échappé à la sollicitude des divers ministres de l'intérieur qui se sont succédé au pouvoir depuis le premier Empire jusqu'à nos jours. — On peut lire leurs circulaires à la fin de l'ouvrage publié par M. Ortolan, avocat à la Cour de cassation, sur la législation des Théâtres. — On y trouvera, en matière de répertoire, les prescriptions les plus éclairées et les plus sages ; prescriptions auxquelles nos directeurs n'ont pas su se conformer, au détriment de leur intérêt le plus cher.

C'est ainsi que notre Théâtre-Français, infidèle à son nom, abuse du mélodrame, et qu'il emprunte la plus grande partie de son répertoire aux scènes parisiennes de l'Ambigu et de la Gaîté. — Comme si le public qui se rend à ce Théâtre, le dimanche excepté si l'on veut, avait rien de commun par ses goûts avec le public qui fait ses délices des grosses horreurs représentées sur les Théâtres d'un boulevard justement et énergiquement désigné par l'appellation de *Boulevard du crime!*

Se procurer de l'argent à tout prix et abstraction faite de toute autre considération, voilà ce que se propose la généralité des directeurs en province, parce que, il n'est pas inutile de le dire, ces directeurs ont toujours été pris sans discernement, et beaucoup plutôt au point de vue des recettes qu'à celui de l'importance et de la mission élevée des Théâtres.— C'est ainsi que nous avons toujours vu ce poste occupé à Bordeaux par des coiffeurs, des contrôleurs, des acteurs, et jamais par un homme offrant, par son instruction, par sa position sociale, les garanties qu'on aurait dû rechercher avant tout. — Aussi, si on laissait agir à leur guise les directeurs de province, ils démoraliseraient bien vite les populations, ils feraient bien vite de leurs Théâtres autant d'écoles d'immoralité et de dépravation.

Quand donc se mettra-t-on en peine de trouver des directeurs qui comprennent que leur tâche est complexe; que les Théâtres sont des établissements déclarés par la loi d'utilité publique, et que, s'il est convenable et juste de se préoccuper de gagner de l'argent quand on est à leur tête, il n'est ni convenable ni juste de ne se préoccuper que de cela? Quand donc trouvera-t-on des directeurs qui veuillent bien se persuader que toute chose, toute institution humaine est soumise à son ordre logique, invariable, et que, pour faire la plus grande somme de recettes, il faut la plus grande quantité possible de bonnes pièces et de bons acteurs?

Un littérateur seul pourra se pénétrer de cette idée pourtant bien simple : qu'avec un répertoire où l'art entrera pour sa bonne part, on fera tout autant et probablement plus d'argent qu'avec les pièces populaires, qui sont un permanent outrage au bon sens, au bon goût, à la décence.

Nos directeurs, ne sachant pas ou dédaignant d'employer les seuls moyens légitimes d'enfler leurs recettes, et pourtant entièrement, uniquement occupés de ce soin, ont imaginé un moyen tout nouveau d'atteindre leur but : c'est celui de diminuer les dépenses.

Convaincus que le public est ce qu'on veut qu'il soit; convaincus qu'en fin de compte, le privilége dont ils sont investis et la bienveillance que l'Autorité leur témoigne les protégeront toujours suffisamment, ils ont recours, pour arriver à débourser le moins possible, à toutes sortes de manœuvres que le public aperçoit très-bien, mais contre lesquelles les arrêtés municipaux lui interdisent de protester, sous peine de procès-verbaux et de poursuites devant le Tribunal de simple police.

Citons des faits positifs à l'appui de notre assertion.

L'année dernière, le public se plaignait tout bas, et avec raison, du pitoyable état dans lequel se trouvait notre corps de ballet, et ce genre était devenu pour les recettes d'une nullité désespérante. — Là, comme en beaucoup d'autres points, le cahier des charges était lettre morte. Ah! disait le directeur, en se frottant les mains et en pensant au cahier des charges, ah! le bon billet qu'a La Châtre, c'est-à-dire la Municipalité!

Cette année, pourtant, on change de gamme; l'on engage un certain nombre de jeunes filles gracieuses et suffisamment jolies, et l'ouverture se fait avec quelque solennité. Les spectateurs se félicitent du progrès obtenu; mais attendons un peu. L'automne arrive, les jeunes danseuses disparaissent, et l'on apprend alors qu'elles n'étaient engagées à Bordeaux que temporairement et jusqu'au moment où les scènes de Lyon, de Toulouse et de Marseille, sur lesquelles on ne joue que huit mois de l'année, viendraient les réclamer et nous les prendre en vertu d'un contrat antérieur. — Elles nous ont consacré tout bonnement trois ou quatre mois de leur liberté entre deux engagements sérieux sur l'un de ces Théâtres.

Les chœurs (femmes) du grand-opéra sont incomplets comme le corps de ballet. Il y a peu de jours, lors du dernier début de M. Louault dans *la Juive,* un membre de la Commission des Débuts et moi comptions *quatorze* hommes en scène seulement, au lieu de dix-huit, nombre fixé par le cahier des charges. — On se plaint de la pénurie et de la cherté des artistes lyriques; mais comment en jugerait-on à Bordeaux cette année et avec le système actuel? — Le directeur paraît, en effet, bien décidé à ne les prendre que lorsqu'ils sont à prix réduits.

Citons-en des exemples :

L'année dernière, Mme Piquet-Wild, première chanteuse légère, gagnait 2,000 fr. par mois, abstraction faite des cachets supplémentaires.

Pour la remplacer, on a d'abord jeté les yeux sur Mlle Durand-Eperche, à laquelle 1,500 fr. par mois étaient alloués. Mlle Durand-Eperche ayant cru devoir résilier son engagement, Mlle Délia Hamburger a été appelée à 1,000 fr. d'appointements par mois seulement. — Enfin, Mlle Hamburger n'ayant pu satisfaire le public et la Commission, force a été de traiter avec Mme de Joly, qui a, sans doute, un talent fort appréciable, mais qu'on paie probablement beaucoup plus cher qu'on ne l'aurait fait si on s'était adressé à elle au début d'un exercice.

Même expérience, qui sera sans aucun doute suivie de même résultat, se fait en ce moment avec les ténors sérieux.

Au détriment des stipulations du cahier des charges, la publication du tableau de la troupe actuelle, qui aurait dû avoir lieu trois mois au moins avant l'ouverture, n'a été faite qu'au moment de cette ouverture. Pour faire patienter le public et remplacer momentanément M. Leroy, le ténor engagé qui n'était pas disponible, M. Wicart est venu passer les mois de juillet et d'août à Bordeaux. C'était là une manœuvre qui n'aurait pas dû être tolérée, pour le dire en passant, les représentations de M. Wicart ayant été beaucoup plus fructueuses pour lui que pour la caisse. — Puis est arrivé M. Leroy, que tout le monde savait d'avance ne pas pouvoir remplir l'emploi; puis à M. Leroy a succédé M. Louault, qui a résilié ces jours derniers, et qui chante encore en ce moment, jusqu'à ce qu'une nouvelle épreuve amène probablement encore un nouvel échec. — A l'époque où nous sommes, il est, en effet, bien difficile de trouver de bons chanteurs disponibles, surtout dans l'emploi précité.

Ce système-là, qu'on peut supposer préconçu, car on en trouve d'autres exemples sur nos deux scènes, témoigne hautement, nous sommes fâché d'avoir à le dire, d'une incurie profonde dans la gestion de nos Théâtres, et, dût-il conduire aux mêmes résultats sous le rapport du chiffre des recettes, pas un directeur intelligent et un peu jaloux de sa réputation n'eût voulu l'adopter. — Il a fait descendre notre scène au niveau d'une scène de troisième ou de quatrième ordre. — Ce n'est pas ainsi que procèdent les directeurs des scènes de Paris. Or, le Théâtre de Bordeaux a tout autant d'importance pour nous, gens de la localité, que peut en avoir l'Opéra pour les habitants de la capitale.

Lorsque M. Duponchel succéda à M. Véron dans l'administration de l'Académie alors royale de musique, il trouva opportun de remonter l'une des grandes œuvres lyriques qui avaient si puissamment contribué à la fortune de son prédécesseur. Tout était prêt, lorsque M. Duponchel tomba malade et fut obligé de s'aliter. Ne voulant cependant se fier qu'à lui-même du soin de tout voir et tout surveiller, le jour de la répétition générale, à une heure du matin, le directeur de l'Opéra se fit accoter sur ses oreillers et fit défiler devant lui tous les sujets en costume, les examinant des pieds à la tête et l'un après l'autre, malgré les vives souffrances qu'il endurait.

Nous ne pensons pas qu'à Bordeaux, un seul directeur ait poussé jusqu'à ce point sa sollicitude pour les intérêts qui lui sont confiés.

Ce que nous voudrions d'un directeur, c'est qu'il se montrât intelligent et jaloux de la position occupée, parmi les Théâtres de province, par celui à la tête duquel on lui a fait l'honneur de le placer; c'est qu'il réunît les connaissances littéraires et artistiques indispensables dans son emploi, qu'il sût quelque chose de l'histoire en général, et en particulier de celle des costumes; c'est qu'il eût quelque portée dans l'esprit et quelque goût naturel; c'est qu'il se persuadât, enfin, qu'il n'a pas été nommé directeur des Théâtres seulement pour arriver à se faire une fortune à l'aide du privilége qu'on lui concède, mais encore pour servir, dans les limites du possible, les intérêts bien autrement importants de la morale, de l'art, et avec eux les justes exigences du public.

Avec la méthode actuelle qui consiste à donner à un industriel plus ou moins recommandé, plus ou moins chaudement appuyé, une place qui ne conviendrait qu'à un homme éclairé, ce phénix des directeurs, nos contemporains l'attendront toute leur vie, nous le craignons fort.

IV

S'il est utile qu'un directeur possède une instruction et une intelligence littéraires, pareilles qualités sont, en province, beaucoup plus utiles encore aux régisseurs de la scène. Le directeur qui se sent faible de ce côté, peut, en effet, se faire suppléer par des régisseurs capables, et ce n'est probablement pas trop demander à son amour-propre, trop exiger de lui, que de l'inviter à rejeter un fardeau trop lourd pour ses épaules.

Cependant le Théâtre de Bordeaux, le Grand-Théâtre surtout, n'a pas, en réalité, de régisseur, et ce déplorable état de choses dure depuis de très-longues années.

A Paris, on rencontre dans chaque Théâtre des auteurs dont les renseignements et les conseils guident les artistes; à Bordeaux et en province, où cette sorte de public d'élite fait défaut, et où les hommes de quelque intelligence sont soigneusement tenus à l'écart, rien de semblable. — L'acteur est livré à ses propres inspirations quand il reconnaît qu'il lui est impossible d'en emprunter à son régisseur. — Néanmoins, et tandis qu'à Bordeaux le premier venu peut être appelé à faire un régisseur, à Paris, pour aborder en cette qualité les scènes subventionnées, il est nécessaire d'être au moins bachelier ès-lettres.

A Bordeaux, où, comme dans la plupart des cités commerciales, la suprématie des hommes d'affaires est un fait évident, où la vie intellectuelle n'a ni centre ni appui et devient l'objet d'un dédain général; à Bordeaux, disons-nous, on n'a jamais jugé convenable de s'enquérir des qualités de goût et d'instruction classique sans lesquelles on ne saurait aspirer à mener convenablement une scène. De cette incurie dans le choix des régisseurs résultent tous les jours les plus grosses énormités, les anachronismes les plus divertissants. Il est vrai qu'il n'est peut-être pas de public au monde qui attache moins d'importance que le nôtre à la décence de la scène, à la fidélité historique, aux convenances de l'action enfin.

A Marseille, un artiste de notre connaissance voulut un jour paraître dans *le Postillon de Lonjumeau* en perruque poudrée et en moustaches, comme il le faisait ici l'année précédente. — Accueilli par de violents murmures accompagnés de cris nombreux de : « A bas la moustache! » il dut, afin de conjurer l'orage, rentrer dans la coulisse pour s'y faire raser au plus vite. A Bordeaux, un artiste, interprétant un personnage du dix-huitième siècle, le jouera avec une barbe de Moscovite à l'époque de Pierre-le-Grand, si cela lui convient et va à l'air de sa figure.

A Marseille, on ne souffrirait certainement pas des paysans en bottes à l'écuyère. A Bordeaux, les mêmes choristes jouant, dans *les Dragons de Villars,* les dragons et les paysans des Cévennes, ne se donnent même pas la peine de se déchausser, et font très-bien, puisque cela passe, puisque personne ne réclame.

Dans tous nos grands-opéras, qui n'a pas vu défiler chaque soir, en pantalon garance et avec les bottines de cuir de nos régiments, de braves soldats figurant ou les Croisés marchant à la conquête de Jérusalem, ou les seigneurs normands en Sicile, ou les catholiques et les huguenots de la Saint-Barthélemy? — Cela s'est vu; cela se voit, et cela, sans aucun doute, se verra longtemps encore.

Pour la langue française, pour cette langue de Racine, de Rousseau, de Buffon et de Voltaire, qu'on devrait parler purement, on l'y écorche tous les soirs de la façon la plus déplorable.

Le tort de ces fautes-là revient aux régisseurs, qui devraient ramener dans la bonne voie les artistes qu'un manque fort naturel d'instruction première suffisante expose à s'égarer ainsi.

Mais qu'espérer, sous ce rapport, lorsque ceux qui devraient être les guides ne sont pas plus avancés que ceux qu'ils ont pour mission d'éclairer?

Il serait bien difficile, je vous l'assure, qu'il en fût autrement, quand un régisseur de la scène, avec lequel nous parlions comédie classique dans l'antichambre du directeur, et auquel nous exprimions le regret de ne plus rien voir des œuvres de Molière, de Regnard, de Dufresni, de Destouches, etc., nous répondait : « Comment voulez-vous qu'on joue encore cette comédie-là aujourd'hui que nos artistes ont complètement perdu la *traduction?* » lisez *tradition*. — Et ce n'est pas là une plaisanterie de notre part; le mot malheureux que nous rapportons nous a été dit, et nous pourrions, au besoin, citer ici le nom fort connu, dans le monde des Théâtres, de notre interlocuteur.

Dans *les Amours du Diable*, on entend un acteur dire invariablement, à chaque représentation : « La logique! la logique! voilà la première fois que vous vous *en* rappelez, » et faire suivre cette grossière faute de français d'un latin de fantaisie tout à fait incompréhensible.

Mais nous n'en finirions pas si nous voulions transcrire et rapporter ici les notes de ce genre que notre position de critique nous a mis dans le cas de recueillir à diverses époques. Les inconvenances de cette sorte sont innombrables ; elles blessent chaque soir, pour ainsi dire, les yeux et les oreilles d'un public du dix-neuvième siècle, du public de l'une des plus importantes villes de France, d'un public qui a quelques légitimes prétentions à passer pour civilisé ; et, néanmoins, personne ne proteste, personne ne se plaint ; les gens éclairés seuls les déplorent et haussent les épaules.

J'ai déjà signalé en passant les anachronismes résultant de certains décors et de la plupart des costumes. Je n'y reviendrai pas ; je rappellerai seulement que, l'année dernière, notre plus charmante artiste, Mlle Dérieux, a joué *Passe-Temps de Duchesse*, en un petit acte. Mlle Dérieux et ses deux interlocuteurs coquetaient, en poudre et en grand habit, dans un appartement garni de meubles modernes. Avec le plus léger soin, on aurait évité cela, rien n'étant plus facile que de se procurer, à Bordeaux, un ameublement convenable, ou, si cela devait être trop cher, de ne pas monter la pièce.

Et puisque le nom de Mlle Dérieux est venu se placer sous notre plume, comment se fait-il que ce talent si appréciable et si apprécié, qui a valu, l'année dernière, de si belles recettes et de si beaux succès à notre seconde scène, n'y paraisse plus cette année ? — Cela ne tiendrait-il pas, par hasard, à la tactique dont nous avons déjà dit un mot dans le chapitre précédent, et n'essaierait-on pas, en vue d'un avenir prochain, d'habituer le public à Mlle Dalby, en lui faisant perdre de vue Mlle Dérieux, dont les appointements sont beaucoup plus élevés, comme son mérite est très-supérieur ?

S'il en était ainsi, la tactique de M. l'Administrateur du Théâtre-Français serait bien maladroite et bien folle.

Un fait très-regrettable, au point de vue de la marche du répertoire, c'est que MM. les Régisseurs de nos Théâtres manquent complètement d'autorité sur les artistes.

Je rencontrai dernièrement un homme du meilleur monde

bordelais, qui aime les arts et surtout la musique. Cet homme, très-digne de foi, fit autrefois partie de la Commission des Débuts. Je le savais en relations très-intimes avec Faure, le *basso-cantante* de l'Opéra-Comique, et je lui en parlai. Il me raconta que, l'ayant accompagné aux répétitions pendant son récent séjour à Bordeaux, il l'avait vu mettre en scène, à défaut de régisseur capable, *Haydée* et *Quentin Durward*.

En sortant, Faure lui disait : « Je ne connais que le Théâtre de Bordeaux où se puissent voir de pareilles choses. »

On a dit et répété bien souvent, depuis Shakespeare et Diderot, que le peuple artistique était le moins discipliné et le moins disciplinable des peuples de la terre.

Si j'étais un plus fervent disciple de l'antiquité classique et d'Aristote, son plus illustre pédagogue, je répondrais à cette assertion par l'argument scolastique : *Concedo majorem, sed nego consequentiam*. J'accorde la proposition principale; mais je nie les conséquences qu'on en veut déduire. Indiscipliné, oui, peut-être; indisciplinable, non, à coup sûr.

L'autorité n'est pas seulement dans la force ou dans le titre; pour être complète, il faut aussi qu'elle soit dans le droit. — Celui que vous voudrez imposer à une troupe d'artistes par suite du pouvoir dont vous êtes revêtu, s'imposera bien plus réellement et bien mieux de lui-même, par l'ascendant naturel que donnent le travail et les lumières; — par des égards sans faiblesse, par un équitable sentiment des droits de tous, à cette condition que les artistes qu'il dirige comprennent qu'il ne saurait y avoir nulle part de droit sans un devoir corrélatif, et ils le comprendront, soyez-en sûr.

Voici, du reste, à l'appui de notre dire sur le peu d'autorité de certains régisseurs, deux anecdotes, que nous avons lieu de croire peu connues au delà de la rampe.

On répétait, un beau matin, aux *Folies-Bordelaises*. Un

régisseur tenait la brochure. Les artistes qui l'entouraient s'amusèrent, sans qu'il y prît garde, à rouler sur la scène tout ce qui leur vint sous la main, et, non contents de cette malice d'écolier, ils finirent par faire tomber le rideau de manière à ce qu'ils se trouvassent d'un côté, et de l'autre leur régisseur, tenant toujours sa brochure à la main.

A l'une des répétitions de *Cendrillon*, une jeune actrice se précipite sur la scène, proférant des cris inarticulés. On court au-devant d'elle, et l'on est bien vite rassuré. Croyant le moment de sa réplique venu, elle s'apprêtait à la donner, tenant dans son joli bec, non pas un fromage, mais une brioche énorme, complément d'un déjeuner ou trop léger, ou fait trop à la hâte.

De pareilles choses ne se fussent pas passées sous le règne de M. Derville, l'année dernière, ou, dans tous les cas, c'est une justice qui lui est due, elles ne se fussent pas passées impunément.

C'est que, s'il avait des défauts dont nous n'avons pas à nous faire juge, M. Derville ne péchait pas par le manque d'autorité.

Si j'en crois les renseignements qui m'ont été fournis à différentes reprises par un grand nombre d'acteurs que je n'ai pas à suspecter d'intérêt personnel, très-peu de régisseurs à Bordeaux (pour ne pas dire pas un régisseur) seraient capables de faire une mise en scène convenable. Il est très-vrai que, la plupart du temps, les brochures adressées de Paris sont accompagnées de leur mise en scène; mais il n'en est pas moins regrettable, dans une foule de circonstances, que nos Théâtres ne possèdent pas d'hommes en état d'accomplir cette tâche, ordinaire pourtant dans un tel emploi.

Cela vient, sans doute, de ce que trop de régisseurs en province, se contentant d'un mince bagage de connaissances pratiques que le premier homme intelligent acquerra bien vite, n'ont ni instruction classique, ni portée suffisante dans l'esprit.

V

. . . .
. . . .
. . . .

Nous avions consacré ce chapitre à caractériser le rôle prépondérant joué dans nos Théâtres par un homme qu'on pouvait appeler à bon droit leur administrateur général.

Une très-sage mesure, et depuis longtemps réclamée, l'éloignement de cet homme, vient d'être prise tout récemment par M. l'Adjoint de maire chargé des Théâtres.

N'ayant aucune envie de faire la guerre au passé, et n'en voyant pas, du reste, l'utilité, nous supprimons ce que nous avions écrit sur ce sujet.

VI

Les décors et les costumes constituent une partie très-importante des spectacles; sans leur secours, en effet, point d'illusion scénique possible, point de jouissance complète pour les spectateurs.

On aurait donc très-grand tort, ce nous semble, de négliger ces accessoires essentiels de la décence et de la pompe des représentations.

Il est de règle, au Théâtre, que les spectateurs doivent pouvoir se figurer qu'ils sont transportés sur le lieu même où se passe l'action. Comment se croiraient-ils dans le désert, par exemple, quand, à la place des chevaliers chrétiens entraînés par la voix de Pierre l'Ermite, ils n'aperçoivent que les soldats, tout aussi braves, mais beacoup plus jeunes, du 38ᵉ de ligne; quand le paysage est trop grossièrement fait pour permettre à l'imagination de s'exercer librement; quand, par-dessus le marché, ils peuvent apercevoir de leurs stalles quelque sapeur-pompier batifolant avec des figurantes entre les portants des coulisses, ou se jetant à mi-corps sur la scène pour suivre plus commodément et plus attentivement les péripéties de l'action dramatique?

Ce dernier tableau se déroulait sous nos yeux, il y a très-peu de jours encore, et a duré pendant un acte entier, au mépris des réclamations et des signes partis de l'orchestre.

Ne serait-il pas très-convenable que M. le Régisseur de la scène descendît quelques instants de la hauteur de ses rêves artistiques, pour s'occuper de ces détails que nous ne pouvons, quant à nous, que lui indiquer en passant?

En vérité, les Théâtres de Bordeaux, loin de progresser, rétrogradent.

Il n'était pas plus absurde, à l'époque où une actrice célèbre, Mˡˡᵉ Clairon, commença la réforme des costumes, il n'était pas plus absurde de voir *Gustave* sortir des cavernes de la *Dalécarlie* avec un habit bleu-céleste à parements d'hermine; de voir *Pharasmane,* vêtu d'un habit de brocard d'or, dire à l'ambassadeur de Rome :

« La nature marâtre, en ces affreux climats,
» Ne produit, au lieu d'or, que du fer, des soldats, »

qu'il ne l'est de voir sur notre scène défiler les guerriers normands dans *Robert le Diable* sous des tuniques de coton jaune, les uns en souliers crottés, les autres en bottes, dans un accoutrement, enfin, dont ne voudraient probablement pas, pour enterrer joyeusement le carnaval le mercredi des Cendres, les coryphées de la promenade de Caudéran.

Depuis la restauration à chers deniers de notre splendide salle, des figurants, revêtus d'un pareil plumage, y font assez l'effet de moineaux renfermés dans une cage d'or. Le contenant emporte de beaucoup le contenu.

Les décorations sont de deux espèces : de décence ou de pur ornement.

Les décorations de décence sont une imitation de la belle nature, comme doit l'être l'action dont elles retracent le lieu ; les décorations de pur ornement sont arbitraires et n'ont pour règles que le goût.

Les premières sont surtout essentielles. — Il ne faut pas, on le comprend, que les yeux viennent démentir à chaque instant ce que l'imagination se peint, ou, sans cela, adieu l'illusion, et le plaisir qu'on s'était proposé du spectacle s'évanouit.

La même observation s'applique, bien entendu, à la partie des costumes. Les vêtements délabrés et ridicules de ceux que l'action nous représente comme de hauts et puissants seigneurs, sont une faute intolérable et que nos Théâtres ne nous épargnent pas assez souvent.

La plupart des grands-opéras du répertoire, *Robert, la Juive, les Huguenots,* montés autrefois avec un grand luxe, devraient aujourd'hui devenir l'objet de modifications profondes.

Mais il faudrait, pour cela, que la Ville se décidât à faire une fois pour toutes un sacrifice, afin de restaurer et de remonter complètement les décors et le magasin des costumes, composé, à l'heure qu'il est, de véritables nippes *inservables* et bonnes tout au plus à être jetées à la rue. — Nous ajouterons, d'après certains artistes, que la pénurie est telle, sous ce rapport, dans nos Théâtres, que tout s'y loue, jusqu'à des costumes et à des partitions.

VII

En ce qui concerne l'orchestre de Bordeaux, nos observations seront courtes. — Deux hommes, dont il faut reconnaître la valeur, MM. Mézeray et Cuvreau, le premier pour le grand-opéra, le second pour l'opéra-comique, sont à sa tête, et néanmoins l'orchestre, excellent il y a quelques années, est beaucoup déchu depuis la direction Carpier. — Il semble qu'il ait pris à tâche de ne pas rester bon au milieu de la débandade générale dans laquelle toutes choses, répertoire, décors et costumes, tombaient autour de lui.

D'où vient cela ? — Probablement de la trop grande parcimonie qui a présidé aux engagements des musiciens, comme à ceux des chanteurs des deux opéras. Le temps des *Collot*, des *Lagarin* et de tant d'autres est malheureusement passé.

Mais, en attendant qu'une réforme des Théâtres permette de songer à l'orchestre, il ne se passe pas de soir que des lacunes ne soient constatées dans ses diverses parties : tantôt ce sont un ou deux premiers *violons* qui manquent à leurs pupitres, tantôt des seconds *violons*, tantôt des *altos*, etc.

Cet état de choses est regrettable et incompréhensible, surtout avec M. Mézeray, qui a, parmi ses musiciens, la réputation d'un homme ferme et très-peu disposé à ménager les retardataires et les délinquants.

VIII

Nous en avons fini avec la partie artistique de nos Théâtres; arrivons maintenant à quelques considérations financières.

La situation des Théâtres de Bordeaux passe, dans l'opinion publique, pour être très-mauvaise, et l'opinion publique est dans l'erreur. Il est bien vrai malheureusement que la Direction ne parviendrait pas toujours, sans les sacrifices de ses artistes et les secours que le Conseil municipal lui accorde de temps en temps, en dehors de la subvention; il est bien vrai, disons-nous, que la Direction ne parviendrait pas à ajuster les deux bouts; mais cela tient probablement à la mauvaise administration de nos Théâtres, aux gaspillages, aux fausses dépenses. Aucune entreprise industrielle, quelque favorables que fussent les conditions de son existence, ne résisterait à une semblable impulsion, à une impulsion aussi radicalement vicieuse.

C'est une vérité incontestable et d'ailleurs bien connue, que les chiffres de dépenses et de recettes de nos Théâtres n'ont, depuis quelques années, aucune analogie avec les chiffres correspondants des Directions précédentes, même la moins éloignée, la direction Juclier. — Si quelques-unes des dépenses se sont élevées, les recettes ont pris, de leur côté, un accroissement considérable.

Cela tient à l'établissement des lignes de fer, établissement qui date de la direction Carpier. — Aujourd'hui, les distances sont en quelque sorte supprimées par ce rapide moyen de locomotion qui met presque aux portes de notre ville des localités dont les habitants ne pouvaient autrefois venir nous visiter qu'en très-petit nombre et très-rarement. Il résulte de la masse de voyageurs qui maintenant séjournent à Bordeaux dans toutes les occasions où quelque solennité les y invite, que les recettes de nos Théâtres sont alimentées beaucoup plutôt par des étrangers que par des Bordelais. C'est ainsi que, sauf les étés comme celui de l'année dernière, qui sont tout à fait exceptionnels, cette saison est depuis cinq ans la meilleure pour nos Théâtres. — Organise-t-on de Bayonne, de Toulouse et des campagnes environnantes quelque train de plaisir vers notre ville, aussitôt tombent dans nos hôtels et dans nos rues 15 ou 20,000 personnes qui ne manquent pas de visiter avec soin nos monuments divers, nos Théâtres, surtout la splendide salle que nous devons au génie de Louis, et dont la restauration récente appelle encore davantage l'attention et stimule vivement la curiosité.

Aussi la moyenne des recettes, qui, sous les Directions précédentes, ne s'élevait pas à 700,000 fr., est, depuis cinq ans, c'est-à-dire depuis l'établissement des lignes ferrées, de 885,000 fr., y compris la subvention de 102,000 fr. que donne la Ville; et les personnes les plus compétentes n'hésitent pas à affirmer que, si les choses de la scène devenaient enfin ce qu'elles auraient dû être depuis cette époque, ce chiffre atteindrait facilement le million. Avec un répertoire mieux choisi, de meilleurs acteurs, des décors plus convenables, des costumes moins délabrés, on pourrait se flatter de ramener habituellement dans nos deux salles une partie du monde bordelais qui fait complètement défaut aujourd'hui.

Mais, en supposant que ce chiffre d'un million ne pût être atteint, celui de 885,000 fr. nous est acquis et bien acquis.

Qu'on calcule maintenant les dépenses et qu'on les mette en regard, le résultat de ce calcul donnera 49,000 fr. de bénéfice net.

Moyenne par année des Dépenses et des Recettes de toute nature des Théâtres de Bordeaux.

DÉPENSES.   **RECETTES....** 885,000^r

Troupes		550,000^r
Dépenses journalières payées aux Contrôles.	Droits d'auteurs. Militaires de garde. Petites fournitures. Artifice. Gaz. Affiches. Droit des pauvres.	160,000
Cachets supplémentaires		10,000
Artistes en représentation (moyenne)		50,000
Comptes des fournisseurs		60,000
Loyer du Théâtre-Français		25,000
Bagages et voyages des artistes		10,000
Brochures, courses de voitures, copie de musique, copie de rôles, esprit de vin, bougies, etc.		14,000
Charbon, bois de chauffage, etc.		5,000
Voyages du Directeur		3,000
Dépenses imprévues		5,000
TOTAL des dépenses de toute nature.		892,000^r
RECETTES de toute nature		885,000
EXCÉDANT des dépenses		7,000^r

Ce déficit si insignifiant peut facilement faire place à un bénéfice. Par exemple, il est possible d'arriver à se procurer une très-bonne troupe au prix de 45,000 fr. par mois, ce qui donne, par année, un total de 540,000 fr. au lieu de 550,000, c'est-à-dire 10,000 fr. d'économies.

Les artistes en représentation figurent ici pour une somme exorbitante, 50,000 fr. Si, au point de vue de l'art, il est convenable de ne pas priver le public d'entendre les grands artistes dont la Renommée l'entretient, il est fort inutile de faire défiler sous ses yeux, à chaque instant, des acteurs qui pourraient très-bien être, un jour ou l'autre, engagés à Bordeaux ; d'autres qui ne sont, à Paris, qu'en troisième ou quatrième ligne ; d'autres, enfin, tout à fait au-dessous de notre scène. En faisant largement les choses, nous pouvons donc encore diminuer cet article des dépenses de moitié, et le porter à 25,000 fr., somme plus que raisonnable pour suffire à toutes les exigences.

Les cachets supplémentaires sont également portés, sur le tableau ci-dessus, pour une somme trop forte. Il faudrait, et c'est facile, s'arranger de manière à en donner le moins possible, et dans des occasions exceptionnelles ; 5,000 fr. peuvent être alloués dans ce but.

Si nous récapitulons les économies, nous trouverons :

10,000 fr. sur la troupe.
25,000 fr. sur les artistes en représentation.
5,000 fr. pour cachets supplémentaires.
───────
40,000 fr.

Cette somme de 40,000 fr., facilement réalisable sans que cette économie nuise en rien à la marche de nos Théâtres, convertit le déficit de 7,000 fr. que nous avons constaté en un bénéfice de 33,000 fr.

On peut être sûr que d'autres chapitres encore devraient

être l'objet de réductions analogues : — Par exemple, si l'on perdait l'habitude de forcer les spectacles et de les finir après onze heures et demie au détriment de l'arrêté préfectoral, on économiserait sur les droits d'auteurs, sur le luminaire, etc. — 400 fr. par soirée suffiraient aux frais journaliers : 250 fr. au Grand-Théâtre, 150 fr. au Français; ce qui donne un total de 144,000 fr. pour les deux Théâtres, au lieu de 160,000 fr. qu'on dépense actuellement sur cet article. Nous aurions donc encore à compter là 16,000 fr. d'économie qui, ajoutés aux 33,000 fr. portés plus haut, élèvent le bénéfice à une somme ronde de 49,000 fr.

Voilà la situation vraie, au point de vue financier, des Théâtres de Bordeaux. — Nous ne craignons pas que nos chiffres soient infirmés ou démentis; et, bien que nous n'ayons pas eu, on le comprend, entre les mains, les livres qui la constatent, nous ne redouterions pas, au besoin, d'en appeler au témoignage fort éloquent de ces livres. — Depuis de très-longues années, nous nous occupons de nos Théâtres, et de nombreuses conversations, des conversations de tous les jours, avec les hommes en position d'être le mieux renseignés, ne nous permettent pas de douter un instant de la parfaite exactitude de cette situation.

Comment se fait-il donc, répéterons-nous, que nos Théâtres en soient venus trop souvent à mendier, du Conseil municipal et des artistes, des secours pécuniaires sans lesquels il leur devenait impossible de marcher? — A Dieu ne plaise que nous mettions ici en suspicion la probité, l'honorabilité de leur directeur! — La cause de ces déficits trop fréquents est ailleurs, nous l'avons déjà dit. Elle est tout simplement dans une administration vicieuse, dans des troupes mal composées et où plusieurs emplois sont inutiles, dans l'exagération de certains chapitres du budget des dépenses.

Si les choses étaient faites comme elles devraient l'être, si une intelligence et une économie plus grandes présidaient aux dépenses, 49,000 fr. au moins, tel serait le bénéfice net, sans demande de secours extraordinaires, soit à la Ville, soit aux artistes.

Veut-on un exemple des réductions qu'on pourrait obtenir? Les affiches coûtaient autrefois 75 fr. par Théâtre et par jour. — Des plaintes s'étant élevées, on est arrivé à cette combinaison de faire ces mêmes affiches à 50 fr. pour les deux Théâtres. — Comprend-on l'argent gaspillé inutilement, pendant un temps fort long, sur ce seul chapitre ?

IX

La municipalité protége et surveille les Théâtres; mais on peut dire que, si la protection est efficace, la surveillance ne saurait l'être toujours.

L'Administration municipale a près les Théâtres deux agents, deux instruments de contrôle, qu'on nous permette l'expression : un receveur-caissier et un inspecteur du matériel. On le voit, dans l'organisation actuelle, la scène reste en dehors de toute surveillance, et l'attention de l'Administration municipale, quand il y a lieu, n'est, de cette manière, appelée sur elle qu'après coup, au grand jour des représentations, ce qui est très-regrettable, à notre sens.

Ce n'est pas ainsi, si notre mémoire est fidèle, qu'est organisée la surveillance des Commissaires impériaux sur les scènes subventionnées de la capitale. Or, il y a analogie complète entre une ville subventionnant et surveillant son

Théâtre, et le Ministère de l'intérieur subventionnant et surveillant la Comédie-Française, l'Opéra ou l'Odéon.

Mais, en prenant même pour ce qu'il est le contrôle exercé tout naturellement par la Ville sur les Théâtres de Bordeaux, nous allons voir l'action du receveur-caissier paralysée, dans la plupart des cas, par l'initiative du directeur.

Le directeur, en effet, est libre de faire tel achat, de prendre telle mesure qui lui convient. Dans la plupart des cas, le caissier ne sait rien de ce qui se fait. Il paie sur des pièces en règle, visées par le directeur; mais son contrôle ne va pas au delà d'un contrôle de chiffres.

Il y a longtemps, quant à nous, que nous connaissons M. Perrens, le receveur-caissier des Théâtres. Les rangs d'une grande administration financière se sont ouverts presque à la même époque pour l'un et l'autre de nous. Personne donc n'est en position d'apprécier mieux que nous ne pouvons le faire la capacité, l'honorabilité parfaite de ce comptable, et nous sommes très-heureux que l'occasion se présente de lui en donner ici la preuve.

Nous savions donc tout ce qu'il valait pour les Théâtres, avant que les Commissions détachées du Conseil municipal pour examiner les livres, lui aient fourni un public et éclatant témoignage de satisfaction; mais à l'impossible nul n'est tenu, et M. Perrens, quand il est tout à sa caisse, ne peut assister aux marchés qui se passent dans le cabinet du directeur, et l'aider du concours de son expérience et de ses lumières.

Plus d'une fois il est arrivé que M. Perrens a vu toute l'économie de ses calculs dérangée par une avalanche de notes de fournisseurs, tombant à l'improviste sur son bureau, et nous nous rappelons encore son désespoir, certain mois où, sa situation étant à jour et son prorata réglé,

25,000 fr. environ de comptes à solder lui arrivèrent ainsi et le mirent dans le plus cruel embarras.

Nous ne comprenons guère, quant à nous, un négociant faisant des affaires sans consulter sa caisse. — La tête qui dirige et la main qui paie ne pouvant appartenir à un seul homme, il faudrait au moins, pour la bonne harmonie des choses, que cette tête et cette main s'entendissent parfaitement : l'avoir en caisse, les recettes assurées, les échéances à courir; en un mot, la situation financière, voilà le vrai baromètre d'une entreprise théâtrale, aussi bien que de toutes les entreprises industrielles; et un directeur tel que nous le rêvons ne devrait jamais rien faire de ce qui peut engager les finances de son administration sans avoir pris au préalable l'avis de son caissier, surtout quand ce caissier est un homme tel que M. Perrens, c'est-à-dire un homme loyal et de sage conseil.

Cependant il n'en est pas ainsi, ou, dans tous les cas, il n'en a pas toujours été ainsi; et cet état de choses, pour tout homme sérieux, paraîtra assurément fort anormal

L'article 42 du cahier des charges est ainsi conçu :

« Le directeur sera tenu d'obtempérer à toutes les demandes » du receveur des Théâtres, en ce qui concerne la production » des marchés, engagements ou autres pièces justificatives » des dépenses. »

Pour la parfaite surveillance et le contrôle de la Ville, cet article ne nous paraît pas suffisant. Nous avons cité un exemple dans lequel le caissier ignorait complètement des marchés passés, des fournitures faites, parce qu'il n'avait pas été appelé à intervenir; comment, dès lors, aurait-il pu réclamer des pièces dont il ignorait l'existence, et qui tombèrent tout à coup sur lui au moment où certainement il ne pouvait s'y attendre, et où il se croyait parfaitement à jour?

Nous voudrions donc que le receveur-caissier pût assister de sa personne aux marchés qui se concluent, ou tout au moins que ce fût une obligation stricte pour le directeur de l'informer par écrit de ces marchés dans les vingt-quatre heures qui les suivent.

Si de cette façon la caisse n'est pas consultée, elle sera toujours prévenue en temps utile.

Nous demanderons aussi une surveillance de la scène, qui n'existe pas aujourd'hui.

Quelles que soient la liberté, la latitude laissées à un directeur, elles ne peuvent aller jusqu'à lui permettre d'engager comme ténor, par exemple, le premier manœuvre venu qui n'aura d'autre mérite que d'être doué d'un bel instrument, et de le lancer ainsi à travers un chef-d'œuvre à ses risques et périls, et au grand détriment de ses camarades et du public.

Une pareille manière de procéder serait de nature, malgré la parfaite tranquillité de notre public, à provoquer tôt ou tard les troubles que l'institution d'une Commission des Débuts a eu pour objet de prévenir, ainsi que nous l'avons déjà vu.

Si le contrôle dont nous parlons existait, si la Ville avait un inspecteur de la scène de quelque habitude et de quelque goût, nous n'aurions probablement pas assisté cette année à des débuts dont le résultat était certain, et qui n'ont servi qu'à fatiguer le public, à faire perdre patience à la Commission, et aussi à faire très-inutilement gagner du temps au directeur, qui, de mois en mois, est arrivé jusqu'à l'entrée de l'hiver sans ténor sérieux, et qui n'a pu avoir une chanteuse légère convenable que grâce à la faillite de la Direction de Marseille.

S'il est nécessaire de s'assurer de la conservation du mobilier appartenant à la Ville, est-il moins important pour la Ville d'assurer autant que possible la convenance et la décence des choses de la scène, alors que le public se plaint et dit avec raison qu'on se moque de lui et qu'on abuse de sa longanimité ?

Il est une foule de détails de ce genre sur lesquels l'attention de la Municipalité devrait être appelée, et qui, malgré sa bonne volonté et ses lumières, doivent échapper à M. l'Adjoint de maire chargé des Théâtres. — Une surveillance attentive et de tous les instants pourrait seule les lui faire apercevoir, et il faudrait qu'il se trouvât pour cela sur la scène et non au fond de son cabinet.

L'Autorité, qui protége et surveille les Théâtres, a pour mission de réprimer, mais il serait bien plus désirable qu'elle fût en mesure de prévenir avant tout. Une mesure récemment et très-justement prise aurait pu être évitée trois ans avant, au grand bénéfice de l'Administration des Théâtres.

X

Résumons-nous enfin. La situation de nos Théâtres n'est pas ce qu'un vain peuple pense ; elle est, au fond, moyennant quelques économies et quelques améliorations, bien meilleure qu'elle ne le paraît. — Si les chiffres que nous avons cités étaient contestés contre toute attente, nous en trouverions la preuve irréfutable dans ce fait bien connu : que le directeur a, l'année dernière, racheté le *prorata* moyennant une faible somme de 25 p. 100, et qu'il l'a, pour cette année, converti en assurances. — Il suit de là que l'association établie par la

Ville n'existant plus, avec ou sans son consentement, nous l'ignorons, le directeur peut être mis en faillite devant le Tribunal de commerce pour un retard dans ses paiements, et sur la simple poursuite d'un artiste qui se montrerait créancier rigoureux.

Il est clair que, si la situation n'était pas bonne, si elle n'était pas celle que nous indiquons, M. Carpier ne se serait pas exposé à convertir en des paiements garantis des paiements facultatifs et aléatoires.

Félicitons-le donc de ses bonnes intentions pour l'avenir, des économies qu'il compte faire sans doute, et continuons, en attendant, à lui demander :

1º Des régisseurs intelligents ;

2º Un répertoire plus varié ;

3º Des décors et des costumes plus complets et plus présentables.

Demandons aussi à notre Municipalité :

De ne pas se relâcher d'une surveillance nécessaire et que nous lui avons indiqué les moyens de rendre féconde en bons résultats.

En ce qui nous concerne, nous serons très-satisfait, si ces idées, fruit de notre expérience depuis plus de vingt ans que nous nous occupons des Théâtres, sont, si ce n'est en totalité, du moins pour la plupart, jugées tôt ou tard dignes d'application.

TABLE.

Des Théâtres de Bordeaux		3
Chapitre Ier.	Du rôle du public et de celui de la Commission des Débuts.	5
—	II. Des débuts sur les scènes de province	11
—	III. Des directeurs	15
—	IV. Des régisseurs	22
—	V. ******	28
—	VI. Des décors et des costumes	28
—	VII. De l'orchestre	31
—	VIII. Considérations financières	32
—	IX. De la surveillance de la Municipalité	37
—	X. Conclusion	41

www.ingramcontent.com/pod-product-compliance
Lightning Source LLC
Chambersburg PA
CBHW070712050426
42451CB00008B/607